LE PLÉBISCITE

DE 1870

SON VRAI CARACTÈRE

VÉRITABLES QUESTIONS QU'IL SOULÈVE

PAR

LE VICOMTE DE L'ÉCUYER LA PAPOTIÈRE

Union. Confiance.

PARIS

E. DENTU, LIBRAIRE-ÉDITEUR

PALAIS-ROYAL

—

1870

LE PLÉBISCITE

DE 1870

Union. Confiance.

1° Le peuple français veut-il le rétablissement de la monarchie des Bourbons?

2° Le peuple français veut-il le rétablissement de la royauté des d'Orléans?

3° Le peuple français veut-il le rétablissement du régime républicain?

4° Le peuple français veut-il le maintien de la monarchie impériale?

Voilà, selon le sentiment général, les véritables questions qui s'agitent et auxquelles le peuple français aura à répondre quand il votera à l'occasion du Plébiscite, quelle que soit la forme qu'on doive lui donner.

Disons de suite, pour bien expliquer notre opinion, que ces quatre questions donnent naissance à quatre autres qui en découlent naturellement, par l'irréfutable enseignement de l'histoire et l'implacable loi du bon sens. Nous posons, dès le début, les questions du problème. Tout à l'heure, nous en chercherons la solution.

1º Le peuple français veut-il le rétablissement d'une monarchie faible, dont le principe, qui a eu sa grandeur et sa nécessité incontestables en d'autres temps, est devenu faux et inapplicable; veut-il de nouveau courir les hasards d'un pouvoir vacillant, mal assuré; veut-il encore une Charte *octroyée*, presqu'aussitôt violée; veut-il des Ordonnances et des journées de Juillet; veut-il enfin le désastre, l'anarchie, la révolution?

2º Le peuple français veut-il le rétablissement d'une royauté bâtarde, issue de la trahison de famille, acclamée par trente députés, soutenue par deux cent mille électeurs à peine; veut-il le règne de la bourgeoisie financière, le culte de l'argent, le corruption en haut, la misère en bas, les troubles dans la rue tous les jours; veut-il enfin le désordre, l'anarchie, la révolution?

3º Le peuple français veut-il le retour d'un gouvernement antipathique à sa nature, à ses goûts, complétement impuissant à faire le bien comme à empêcher le mal, livré à toutes les compétitions anarchiques; veut-il avoir neuf cents petits tyrans faisant plus de mal qu'un seul monarque absolu; veut-il se laisser entraîner jusqu'au socialisme, au communisme les plus radicaux; veut-il enfin pis que le désordre, l'anarchie, la révolution; veut-il l'abâtardissement, la perte de son influence et de sa gloire, la ruine, l'abîme?

4º Le peuple français veut-il un pouvoir modérateur et pondéré, stable et solide, alliant la force, garantie de l'ordre, au principe du gouvernement de la nation par elle-même, garantie de la liberté; veut-il l'application sincère, loyale du suffrage universel; veut-il le développement de sa prospérité, de sa gloire, de son influence; veut-il l'apaisement, le calme, le repos?

Les temps sont venus; il faut que la France exprime sa volonté définitive.

Tout le monde est d'accord sur ce point; c'est que, puisqu'il y a *Plébiscite*, il faut qu'il y ait auparavant délibération. Il faut que le vote de la nation soit éclairé par la discussion contradictoire. Il faut que toutes les questions soient nettement posées. Je me tourne donc vers les représentants de tous les partis ennemis de l'Empire, et je leur dis : « A l'œuvre, tous. Parlons à la nation selon nos consciences et nos convictions. Mettons-nous en communication avec elle; exposons-lui nos idées, nos doctrines, nos espérances. Alors nous lui demanderons de choisir entre nous. Et le peuple, souverain juge, souverain maître, votera en parfaite connaissance de cause, en complète liberté. Nous tous alors, nous n'aurons plus qu'à nous incliner devant ce verdict suprême.

L'instant est solennel pour l'avenir de la France. Il ne faut pas nous le dissimuler, nous sommes dans un moment de crise terrible. Nous courons un vrai danger. Ce danger, il faut bravement le prévoir pour le conjurer; il n'y a que le poltron qui se dissimule le péril, parce qu'il a peur et veut en chasser l'image de ses yeux, l'idée de sa pensée : l'homme vraiment brave et énergique le regarde en face, lutte contre lui et le dompte.

Ordre, morale, sûreté, tout paraît être de nouveau mis en question, et des institutions politiques et sociales que nous espérions nous être données, sinon pour toujours, du moins pour longtemps, paraissent chanceler sur leurs bases. Et qu'on ne nous accuse pas d'exagérer la situation, de voir l'avenir sous un aspect trop sombre. Les scènes qui se sont passées cette année, à Paris, les excès, les infamies, les monstruosités, qu'une certaine presse a accumulés dans ses feuilles, les succès même de quelques-uns de ses plus néfastes représentants, tout cela, si présent à la pensée de tous, répond pour nous, et nous lave de tout reproche de pusillanimité. Je le déclare donc bien franchement : Oui, j'ai peur.

J'ai peur, non pas de vous individuellement, légitimistes, orléanistes, républicains, mais des *passions mauvaises* que l'Empire était parvenu à refouler et que vous essayez de soulever maintenant contre l'Empire, sans remords comme sans conscience, avec un cynisme qui vous couvrira de honte et d'opprobre, alors que la postérité enregistrera vos actes dans l'histoire de votre patrie!

Evidemment si, de but en blanc, vous veniez offrir à la France le rétablissement de ces gouvernements qui lui ont été si fatals, le pays tout entier se moquerait de vous et vous repousserait avec énergie. Mais vous êtes trop habiles pour cela. Vous cherchez à faire naître des désordres, des convulsions, espérant que le pays, lassé et fatigué, se jettera dans vos bras. Hélas! l'humanité est faible devant les passions mauvaises : notre histoire est là pour le prouver. Non, ce n'est malheureusement pas vrai que ce qui est bon, ce qui est juste, soit stable toujours. Il arrive trop souvent que l'esprit des masses, entraîné par je ne sais quel vertige, se laisse accabler, dominer, par le mal qui règne alors en maître. Son passage est court, heureusement. Mais quelles terribles traces, ineffaçables de longtemps, il laisse après lui. Et il n'y a quelquefois pas à lutter. Quand une fois les passions mauvaises, qui sont au fond de toute société humaine, commencent à bouillonner, à chercher à se faire jour, à s'élever; si quelques hommes, par une folie qu'on ne peut expliquer que par la folie elle-même, car alors on devrait dire par un crime; si quelques hommes, relativement sages, honnêtes en apparence, les excitent, les développent et les irritent volontairement, dans un but quelconque, c'est fini; le débordement se fait : les digues les plus puissantes sont rompues, l'inondation terrible suit son cours; arrivent les affreux désastres.

En sommes-nous là, me demandera-t-on? Nullement, par bonheur. Mais nous pouvons y arriver. Oh! ne nous récrions pas. Oui, nous pouvons en arriver là, si nous suivons la pente vers laquelle on veut nous entraîner. Serons-nous assez naïfs, comme nous l'avons été tant de fois, pour nous laisser étourdir et précipiter? Oh! que non, je l'espère bien. En nous serrant les uns contre les autres autour du trône impérial, en nous avertissant mutuellement, nous conjurerons le danger. C'est un devoir pour chacun de nous de le faire, mes chers concitoyens. C'est pour remplir ce devoir, dans la faible proportion qui m'est dévolue, que je vous écris.

Nous avons, pour obtenir cet heureux résultat, un moyen bien sûr et bien facile. Ce moyen, c'est de nous rappeler ce qu'étaient ces gouvernements dont les prétendants et les partisans osent encore lever la tête, ce que la France était devenue entre leurs mains. C'est, enfin, de nous représenter ce qu'a fait l'Empire depuis qu'il a entrepris de nous sauver, de nous relever. Je veux faire avec vous ce résumé en quelques lignes rapides, mes chers concitoyens. Après cela, la conclusion se posera d'elle-même, et toute logique.

Il y a dix-neuf ans, vous rappelez-vous la lassitude, la fatigue, l'épuisement que nous éprouvions, le besoin ardent de repos que nous sentions après tant d'années de troubles, de désordres, d'anarchie, d'immoralités et de sang? Combien n'en a-t-il pas coulé depuis la néfaste époque de juin 1815 jusqu'à la glorieuse date de décembre 1852? A ce moment, nous comprenions toutes nos fautes. Nous nous sommes jetés avec un immense élan de joie et de reconnaissance dans les bras d'un pouvoir fort et réparateur. Nous avons, par deux fois solennelles et à la presque unanimité des suffrages, sanctionné son énergique et courageuse illégalité, qui nous sauvait. Nous lui avons demandé protection d'abord, protection avant tout contre les *passions mauvaises* qui débordaient et allaient nous submerger. Puis nous l'avons chargé de nous donner une Constitution forte, dictatoriale même au début, mais qui pût, dans l'avenir, se prêter à tous les progrès sages, à toutes les améliorations utiles, à l'introduction successif et prudent de toutes les libertés nécessaires à un grand peuple, jusqu'au *couronnement de l'édifice*. Ce mandat, l'Empereur l'a rempli loyalement, largement, grandement, absolument, et nous voici aujourd'hui arrivés à ce moment *promis depuis la fondation* du second Empire, où l'édifice va être couronné, où l'apaisement et le calme vont se faire, et où la nation et le Souverain vont être récompensés, l'une de sa confiance, l'autre de sa bonne foi. Et cela sans désordres sérieux, sans commotion, sans bouleversement. Y a-t-il eu, dans l'histoire des peuples, un fait analogue à ce qui se passe aujourd'hui?

Faut-il rappeler tous les efforts de l'Empire pour en arriver à ce résultat? Faut-il rappeler ces époques où, par un acte spontané, l'Empereur nous appelait à rentrer dans un des droits que nous lui avions confiés, nous habituant ainsi à jouir de la liberté sans la faire dégénérer en licence, de licence peut-être en révolution? Faut-il citer toutes ces remarquables étapes de la voie que nous avons parcourue : la liberté de la presse, les lois sur les coalitions, les réunions, les associations coopératives, les caisses de retraite, les orphelinats, les asiles, nos établissements de bienfaisance, devenus l'objet de l'admiration et de l'envie du monde, enfin toutes ces admirables créations démocratiques de l'Empire?

Il n'en est pas besoin. Tous ces efforts d'un grand gouvernement pour le bien, pour améliorer le sort des classes laborieuses et pauvres, pour les éclairer, les instruire, tous ces efforts sont là vivants dans vos cœurs, et il est inutile de vous les rappeler.

Ainsi, mes chers concitoyens, à l'intérieur, voici les résultats constatés, évidents, irréfutables de l'Empire : progrès de la prospérité générale, accroissement immense du commerce et des industries, efforts constants en faveur de l'agriculture, développement de l'instruction primaire, élévation des salaires, créations de sociétés de secours mutuels, de caisses de retraite, etc., qui, tout en facilitant le bien-être aux ouvriers, élèvent leur esprit en général, l'adoucissent, l'éclairent par les bienfaits de l'association et rendent les plus humbles de plus en plus capables d'aspirer et de parvenir aux positions les plus élevées, dans un Etat aussi vraiment et sincèrement démocratique que le nôtre. Un élan immense imprimé à l'achèvement de nos routes, de nos canaux et du réseau de nos chemins de fer, l'impulsion personnelle de l'Empereur présidant à la construction définitive de nos chemins vicinaux, enfin ces admirables travaux exécutés pour l'honneur et la gloire de la France, dans Paris et nos autres grandes villes, où ils ont répandu l'air, la lumière, la verdure, si nécessaire aux pauvres comme aux riches, et que ceux-ci seuls pouvaient aller trouver, la vie enfin. Voilà le bilan de dix-neuf ans de règne, et je ne sache pas, je le dis du fond de ma conscience, je ne sache pas de gouvernement dans l'histoire qui ait jamais fait tant et si bien, et en aussi peu de temps.

En répartissant ces travaux sur dix règnes ordinaires, il y en aurait assez pour illustrer chacun d'eux.

Voilà pour l'intérieur. Au dehors, même activité, même éclat, mêmes résultats. L'influence de la France, si minime sous Louis-Philippe, s'étend aujourd'hui sur le monde entier. Je n'en veux donner qu'un exemple. Sous le dernier règne, sur dix points du globe occupés par l'influence anglaise, il y en avait à peine un occupé par l'influence française. Aujourd'hui, partout où flotte le drapeau de l'Angleterre, flotte également le drapeau de la France, et au moins aussi fort, aussi respecté. Le système du libre-échange adopté, le libre-échange qui, malgré des souffrances momentanées et individuelles, est appelé à rendre tant de services à la France et au monde et à devenir leur doctrine commerciale; notre marine transformée et rendue égale à celle de l'Angleterre ; nos colonies développées et augmentées; deux grandes guerres triomphales; des noms tels que l'Alma, Sébastopol, Magenta, Solferino à inscrire sur les pages de notre histoire; l'Italie affranchie du joug séculaire de l'Autriche et pouvant chercher, par ses efforts individuels, le meilleur système de gouvernement capable de la régénérer et d'en faire un grand peuple; l'Autriche elle-même débarrassée de ses préoccupations et de ses charges du côté de l'Italie, rendue à ses soins intérieurs, à ses vrais intérêts modernes (1), tendant à s'allier fortement à la France; la France prépondérante en Europe; un mot d'elle arrêtant une guerre acharnée entre deux grands peuples; encore aujourd'hui la paix maintenue et conservée par sa seule volonté, par sa modération habile, par ses seuls efforts; enfin le territoire français agrandi de deux belles provinces qui lui assurent la sécurité de ses frontières de ce côté. Voilà le bilan de l'Empire au dehors; il n'est pas au-dessous du bilan de l'Empire à l'intérieur.

Parlerons-nous des échecs de notre politique au Mexique? Pourquoi pas? De ce côté encore, il n'y a rien à critiquer. Faut-il donc blâmer amèrement tout ce qui ne réussit pas, et sommes-nous revenus au temps des Romains, qui imposaient à leurs chefs le succès ou l'exil, au temps de la Convention, qui imposait à ses généraux le triomphe ou la mort? Quel était le but de l'expédition du Mexique? On ne doit pas l'oublier, ni se laisser tromper par des suggestions malveillantes et fausses. Nous allions au Mexique pour venger d'abord les injures faites à nos nationaux et à notre drapeau depuis de longues années; puis pour essayer de régénérer ce peuple malheu-

---

(1) La politique de l'Autriche doit bien changer de nos jours, si elle comprend ses vrais intérêts. C'est sur la France maintenant qu'elle doit fortement s'appuyer pour contrebalancer l'influence de la Prusse en Allemagne. De notre côté, c'est dans cette seule alliance que nous trouverons la réalisation de nos justes aspirations vers le Rhin.

reux, de le sortir d'un passé d'immoralité inouïe, d'anarchie effroyable où il se perdait de plus en plus : nous avions la noble ambition de le tirer de sa position, de le rendre aux relations avec les peuples civilisés, à la vie sociale et politique, à l'ordre. Quelle source de fortune et pour lui et pour l'Europe elle-même, si nous eussions réussi à apprendre aux Mexicains à tirer partie de la richesse et de la fertilité du sol encore abandonné à l'ignorance et à la sauvagerie! N'était-ce pas là une grande et noble pensée, la plus belle peut-être de ce règne si fertile en grandes choses? Dieu n'a pas permis qu'elle se réalisât : inclinons-nous devant les décrets de la Providence et ne cherchons pas à en sonder le mystère.

Que si, maintenant, nous mettons en regard les gouvernements précédents, en faisant cette comparaison, nous verrons nettement ce que nous avons perdu et ce que nous avons gagné. Comme je le disais tout à l'heure, la conclusion se posera d'elle-même.

Eh bien, si nous faisons cet examen, il n'est pas brillant, il faut en convenir, quelque dur que cela paraisse aux amis des anciens gouvernements. Dans leurs actes ou dans leurs résultats, nous ne voyons que désordres, incapacités, anarchies, faiblesses ou rigueurs excessives et maladroites, impuissances.

Ecoutez-moi bien, mes chers concitoyens, et réunissons-nous tous pour poser nettement la question à ceux qui se prétendent mécontents. Disons-leur :

Puisque vous voulez renverser ce qui est, c'est que vous avez à mettre à la place un système meilleur. En avez-vous un meilleur réellement, un nouveau surtout, car les anciens étaient si détestables qu'ils sont tombés, les uns devant la colère de la nation, les autres sous son mépris? Les dures leçons du passé vous ont-elles servi? Avez-vous changé vos idées, vos systèmes, tout en vous enfin? Nullement. Le langage que vous tenez encore aujourd'hui, nous l'entendions en France alors que vous étiez au pouvoir, et nous pouvons vous dire :

Avec vous, légitimistes, qui avez conservé vos habitudes, vos idées, votre drapeau, vos hommes même, et qui ne pouvez jamais les abandonner sans cesser *d'être ce que vous êtes*, avec vous, nous verrions revenir et le le pouvoir chancelant, et les efforts incessants pour empiéter sur la Constitution, sur les droits de la nation, et l'influence d'une congrégation, et des lois maladroites sur le sacrilége, et tant d'autres si funestes à vous-mêmes et au pays. Pleins d'honnêteté et de bonne volonté, je le veux bien, mais poussés par une loi fatale, à laquelle vous contraint *votre essence même*, sur une pente insensible, mais inévitable, vous en arriveriez forcément à des *Ordonnances de Juillet*, et nous, nous en arriverions à une révolution de 1830. Avec vous, nous aboutissons donc au désordre, à la révolution, et nous ne voulons plus de désordre, nous ne voulons plus de révolutions.

Avec vous, orléanistes, ah! c'est bien pis encore! Avec vous rentreraient en France le parlementarisme étroit et mesquin, basé sur un suffrage restreint de 200,000 électeurs et uniquement soumis à l'influence de l'argent, le désordre en bas, en haut les dilapidations, l'immoralité, l'absence de toute croyance, la corruption. Avec vous reparaîtraient cette majorité issue de la' corruption électorale, dont les votes s'achetaient avec des places et des lois sur les sucres et sur les fers (1), cette Chambre, vraie forêt..... de haute futaie où l'on courait le portefeuille, comme on courre le cerf. Faveurs, places, dignités, tout se vendait sans honte et s'achetait sans pudeur. Du mérite il n'en était pas question. Tour à tour ministres puis députés, députés puis ministres, vos grands petits hommes d'Etat se mordaient, se battaient, se déchiraient pour emporter triomphants (de

---

(1) On avait besoin de ramener une majorité chancelante, et on faisait voter la prime sur les sucres, prime énorme, exorbitante de quatre millions cinq cent mille francs, dont on faisait profiter un grand nombre de députés et un ministre, intéressés à la question; on donnait pour deux millions de places à des députés qui ne pouvaient remplir ces places, et on les autorisait ainsi à faire un dommage réel à l'Etat; on établissait les droits sur les fers, fontes et aciers provenant des pays étrangers, s'élevant à 2,380,000 francs, droits extrêmes et désastreux, mais qui profitaient à *vingt-six* députés ministériels et à *deux ministres* associés de M. Decazes dans l'exploitation des forges de l'Aveyron. Ainsi corruption partout.

quoi, grand Dieu !) le lambeau de pouvoir que la faveur d'un jour leur donnait, que la disgrâce d'une heure leur enlevait à peine conquis ! Étrange époque, curieux spectacle ! le ministre de la veille, devenu l'opposant du lendemain, ne rougissait pas d'attaquer avec ardeur, comme député, ce qu'il avait défendu avec acharnement comme ministre, jusqu'au jour où ses accusations de mauvaise foi, ses ruses honteuses, ses tactiques déloyales, le faisant remonter au pouvoir, il recommençait la même comédie, dans le sens opposé. Ah ! oui, comédie, comédie lugubre, mascarades funèbres qui auraient pu faire rire si la France n'en eût été la victime !

Et un pair de France ne craignait pas d'écrire : « Le gouvernement est le plus corrupteur et le plus corrompu de l'Europe (1). »

Aussi qu'en est-il résulté ? Ce gouvernement acclamé par....... trente députés, et qui n'aurait pu se sauver qu'à force d'énergie pour le bien, d'activité, de morale et de dévoûment à la chose publique, ce gouvernement s'est écroulé en une journée sous le poids terrible du mépris d'une nation tout entière, qui a jeté un long soupir de soulagement quand elle s'est sentie délivrée de ces gouvernants insatiables de dots, d'apanages qui ruinaient la France, sans qu'ils eussent au moins l'excuse, comme Louis XIV, de l'immensité des résultats et de la grandeur des efforts. Avec vous, orléanistes, humiliations au dehors, désastre et immoralité à l'intérieur pour aboutir encore au désordre et à la révolution, et nous ne voulons plus de désordres, nous ne voulons plus de révolutions.

Quant à vous, républicains de 1848, si, peut-être, vous avez été plus sincères et plus honnêtes, vous n'avez pas été plus heureux. Votre gouvernement ne pouvait pas amener l'anarchie et le désordre, car il était l'anarchie et le désordre mêmes. Après vous, c'était donc, non pas une secousse, un danger remédiable pour la France, mais une perte assurée, une ruine certaine, car elle était déjà à l'agonie. Lorsque vous avez brisé, ou plutôt lorsque la France a brisé le sceptre de Louis-Philippe, vous avez cru tout sauvé en proclamant

---

(1) « La corruption avouée était devenue un pouvoir de l'Etat. »
(Lamartine, *Histoire de la Révolution de 1848*.)

la république. Sans étudier une question aussi immense, sans ré-
flexion, vous vous êtes dit : « Nous sommes républicains, donc la
France est républicaine. » Vous avez commis là une étrange erreur,
car il est évident, pour quiconque lit l'histoire de ces temps, que
non-seulement la France n'est pas républicaine, mais qu'elle ne le
sera, qui peut dire jamais, en ce monde, du moins de bien longtemps (1). En détruisant le trône de Juillet, vous avez détruit, il est
vrai, un mauvais pouvoir qui venait d'en haut, mais vous avez fait
naître à la place, ce qui est bien pis, un pouvoir plus mauvais encore, venant d'en bas. Bien plus, vous avez introduit l'anarchie dans
le pouvoir même : vous avez renversé l'autorité d'un roi et de quelques ministres qui en mésusaient, mais qui avaient au moins une
unité nécessaire, une direction unique sans lesquelles aucun Etat ne
peut vivre; cette autorité vous l'avez rendue à 900 députés qui se
sont tous crus autant de petits rois de France, apportant chacun, qui
son parti politique, qui sa constitution, qui sa profession de foi, qui
son utopie. Les uns faisaient rire; les autres faisaient horreur :
tous étaient incapables de sauver le pays qui s'en allait râlant de
plus en plus, et qui allait mourir !

Mais Dieu protége la France ! C'est là une de nos plus chères
croyances. Ainsi, dans nos moments critiques, à nos époques fatales,
il nous a envoyé des Charlemagne, des Saint-Louis, des Jeanne
d'Arc, des Henri IV, des Bonaparte.

Cette fois encore, Dieu n'a pas voulu laisser succomber la France.

Un homme, porteur d'un grand nom, sous la lourdeur duquel,
génie ordinaire, il eût succombé, un homme est venu, a parlé, a

---

(1) Aussi les esprits sages et vraiment dévoués au pays, ont-ils acclamé
la république, honnête et modérée, comme une admirable inspiration de
Lamartine, parce que pour le moment elle calmait toutes les passions exal-
tées, éloignait toutes les prétentions des partis, et donnait à la France le
temps de se réorganiser et de se rasseoir. Mais pas un d'entre eux n'a pu
songer que la république était à jamais fondée en France : ou s'il y a eu
des illusions de ce genre, ces illusions n'ont pas duré longtemps. La procla-
mation de la république a été un *moyen* et non un *but*.

vaincu. Qu'a-t-il vaincu, en 1851 ? A-t-il alors eu à lutter contre tel ou tel parti, contre telle ou telle classe d'honnêtes gens? Non, vous vous le rappelez, mes chers concitoyens, il a vaincu le démagogisme effréné, le socialisme ardent qui, profitant des incapacités, des faiblesses, des ambitions, des trahisons d'une Assemblée impuissante, levaient orgueilleusement la tête, et déjà se disaient vainqueurs.

Que vient-on donc nous parler de parti vaincu, de sang versé et de tant d'autres accusations odieuses à force d'être injustes !

Tout ce qu'il y a d'honnête en France s'est levé et a applaudi à la défaite de ce parti vaincu qu'on exalte aujourd'hui. La réponse a été la presque unanimité des suffrages en faveur du vainqueur. Je n'en connais pas dans l'histoire de plus péremptoire; jamais approbation plus éclatante, plus gigantesque n'a été donnée à homme sur la terre.

Car tous l'avaient sondé l'abîme vers lequel nous marchions, et tous avaient été frappés d'effroi en en contemplant la profondeur : la France s'y perdait à jamais.

Mais ils ont oublié tout cela, ces hommes qui criaient au président de la République : « Sauvez-nous et nous vous soutiendrons, nous vous défendrons. » Ils lui ont laissé les labeurs, les dégoûts, les inévitables impopularités de la lutte, noblement bravées pour le bien de la patrie, et maintenant ils prétendent recueillir les fruits des rudes travaux auxquels ils n'ont pas pris part. Arrière ! Vous n'avez pas aidé à l'ensemencement, vous ne participerez pas à la récolte.

La nation tout entière est là pour vous le défendre. Elle se souvient. Elle a consenti un pacte solennel avec l'Empire; l'Empire a tenu toutes ses promesses, et au-delà. A nous, mes chers concitoyens, à nous de tenir les nôtres vis-à-vis de lui; il nous a promis ordre, prospérité, calme, grandeur. Voilà bientôt vingt ans qu'il nous donne tout cela. Nous lui avons promis, en retour, affection, reconnaissance, fidélité; on veut déjà nous faire oublier notre serment.

Ah ! si notre esprit léger et oublieux tombait encore une fois dans le piége que nous tendent d'avides, d'insatiables ambitions; si nous nous livrions de nouveau à tous les hasards de l'inconnu, ou du trop connu; si nous montrions au monde, étonné de tant de folie, une si flagrante ingratitude, ce serait, je le dis franchement, à désespérer à jamais de notre infortuné pays. A qui oserions-nous demander secours? Dans quels bras nous jetterions-nous après un pareil exemple? Qui voudrait alors accepter un pouvoir ainsi récompensé? Ah! celui-là qui accepterait, il faudrait qu'il fût bien dévoué à son pays ou bien ambitieux, bien généreux ou bien vil...

Mais je m'exalte sans raison : nous n'en sommes pas là, mes chers concitoyens, bien au contraire. Les leçons de l'histoire nous ont profité. La France a assez souffert pour ne plus vouloir souffrir; elle a clos l'ère des révolutions, puisque l'œuvre pour laquelle elle l'avait ouverte, en 1789, est bien près d'être terminée. L'édifice achevé, à quoi bon de nouvelles fatigues, de nouveaux malheurs? Le suprême architecte, après Dieu, en sera le second empire, continuant glorieusement l'entreprise du premier.

Oui, c'est avec calme, avec confiance, que nous avons confié nos destinées, par deux fois solennelles, à l'Empire; nous ne nous en repentons pas. Nous savons apprécier ses actes et les dégager des accusations dont les enveloppent les haines injustes, les basses ambitions impuissantes.

Notre jeunesse politique, pleine de tumultes, d'inexpériences, d'orages, d'hésitations, de doutes, de malheurs, est heureusement passée; notre maturité commence, calme et virile.

Nous ne nous laisserons pas ébranler par toutes ces passions que nous devinons et que nous repoussons. L'Empire nous a donné la paix et la tranquillité, nous voulons le maintien de l'Empire.

Nous le prouverons en acclamant notre nouvelle Constitution.

N'est-il pas vrai, mes chers concitoyens?

18 avril 1870.

RENNES, IMP. ALPH. LEROY FILS.